Oh, Jack!

W0371621

von Jan ‚Burchett' und Sara Vogler
Illustrationen: Teresa ‚Murfin'

Es war einmal ein Junge namens Jack*. Jack saß den ganzen Tag zu Hause herum. „Oh, Jack! Such dir eine Arbeit“, sagte seine Mama.

*sprich „Dschäck“

Jack bekam eine Arbeit in der Bäckerei.

Herr Braun, der Bäcker, gab ihm zum Lohn einen Groschen, doch Jack verlor ihn.

„Oh, Jack! Ich bin sehr verärgert wegen dir“, sagte seine Mama. „Stecke ihn das nächste Mal in deine Tasche.“

Jack bekam eine Arbeit in der Molkerei.

Frau Grün, die Molkereibesitzerin, gab ihm als Bezahlung eine Kanne voll Milch.

Auf dem Weg nach Hause steckte er sie in die Tasche.
Die Milch schwappte auf den Boden.

„Oh, Jack!“, sagte seine Mama.
„Stell sie das nächste Mal auf deinen Kopf.“

Jack bekam eine Arbeit auf dem Markt.

Herr Weiß, der Markthändler, gab ihm zum Lohn einen Käse.

Auf dem Weg nach Hause legte er ihn sich auf den Kopf. Doch die Sonne brannte heiß! Der Käse schmolz.

„Oh, Jack! Was für eine Schweinerei“, sagte seine Mama. „Trage ihn das nächste Mal in den Armen.“

Jack bekam eine Arbeit bei der Tierärztin Frau Schwarz.

Sie gab ihm als Bezahlung eine Katze.

Auf dem Nachhauseweg trug er sie in den Armen.
Die Katze wurde wütend!

„Oh, Jack!", sagte seine Mama. „Führ sie das nächste Mal an der Leine."

Jack bekam eine Arbeit in einer Konditorei.

Frau Grau, die Ladenbesitzerin, gab ihm zum Lohn einen Kuchen.

Auf dem Nachhauseweg nahm er ihn an die Leine.

„Oh, Jack! Du denkst nicht nach“, sagte seine Mama.
„Trag ihn das nächste Mal auf deiner Schulter.“

Jack bekam eine Arbeit
auf dem Bauernhof.

Frau Gold, die Bäuerin, gab ihm als Bezahlung einen Esel.

Auf dem Weg nach Hause trug er ihn auf seinen Schultern. Viele Leute sahen ihn und lachten in sich hinein.

Jack kam an einem großen Haus vorbei. Ein Mädchen saß am Fenster. Sie war sehr reich, aber sehr traurig.

Sie blickte hinaus und sah Jack mit dem Esel auf seiner Schulter. Das Mädchen kicherte und kicherte.

Jack machte sie glücklich. Sie heirateten und lebten von da an glücklich zusammen.

Oh, Jack!

Erzähle nach

Es war einmal ...

Ende